Jean-François REVOLLIER

Jean-François REVOLLIER

JEAN-FRANÇOIS REVOLLIER

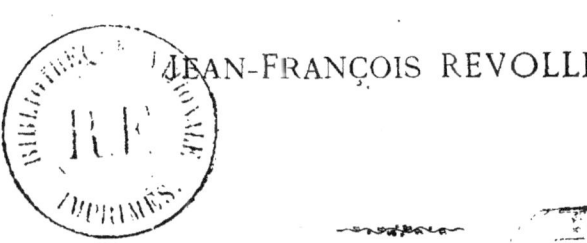

Jean-François Revollier est né à Saint-Etienne, le 16 janvier 1821. Son père, Jean-Pierre Revollier, ouvrier laborieux, habile, intelligent et honnête, fut son premier maître.

Il n'est pas possible de retracer la vie du fils sans dire quelques mots de celle du père.

Pendant plusieurs années, Jean-Pierre Revollier fut chargé par M. Fleurdelix, un des principaux exploitants du bassin de Rive-de-Gier, de l'entretien des machines et du matériel d'exploitation des mines d'Eygarande.

Il rencontra Claude Verpilleux, qui, tout enfant, donnait déjà des marques de cette intelligence fine et pratique, qui en a fait un des mécaniciens les plus distingués de la première moitié du XIXe siècle.

De Rive-de-Gier, Jean-Pierre Revollier vint à Terrenoire, où il coopéra au montage des machines anglaises des hauts-fourneaux que l'on y établissait alors.

Ces travaux terminés, quelques économies, longuement et péniblement amassées, lui permirent d'établir, à la Chaléassière, aux portes de Saint-Etienne, un petit atelier de constructions mécaniques.

Ses efforts ne furent pas heureux ; le premier travail qu'il fit ne lui fut pas payé ; plusieurs accidents l'arrêtèrent dans ses desseins ; enfin une inondation du Furens détruisit de fond en comble son modeste atelier, et la misère vint visiter le foyer de ce courageux travailleur.

Pendant que tant de malheurs accablaient sa famille, Jean-François Revollier allait à l'école primaire et déjà se manifestait en lui cette intelligence de la mécanique qui l'a placé si haut dans l'esprit de ses contemporains. Il employait ses heures de loisirs à fabriquer de très-ingénieux jouets d'enfants, petits travaux combinés avec beaucoup de goût et de soin, qu'il vendait à ses camarades ou à leurs parents, pour en apporter le prix à la maison paternelle.

Jean-François Revollier avait 13 ans lorsque l'inondation détruisit l'atelier créé par son père. Témoin de ce désastre qui ruinait sa famille, à cet âge où l'on ne songe guère qu'aux amusements de l'enfance, Jean-François, qui savait tout juste lire et à peine écrire, résolut de faire face à l'adversité : il avait foi en l'avenir !

Les débris que l'inondation avait laissés ayant été relevés, tant bien que mal, Jean-François devient apprenti de son père, il travaille sans relâche, tout l'intéresse, il s'informe de tout ce qui peut l'instruire, il n'abandonne jamais un travail sans l'avoir bien compris et bien exécuté.

Mais les forces du père, usées par le travail et les revers, s'épuisent de plus en plus ; et les besoins de la famille sont grands, Jean-François l'a bien compris. Cet enfant infatigable, qui, pour se délasser du travail d'une longue journée, s'est créé un petit jardin, où il cultive les fleurs et les plantes les plus variées qu'il peut se procurer, va, chaque samedi, debout avant le jour, porter sa cueillette de plantes et de fleurs au marché de Saint-Etienne, d'où il revient heureux et fier, car il va déposer entre les mains de sa bonne et vaillante mère le fruit de son petit commerce et de ses distractions de la semaine, *cinq à six francs !!*

Pendant ce temps Revollier grandit et sa réputation se répand dans le bassin houiller de la Loire ; il a 15 ans !

Les propriétaires des mines de Chaney lui confient la conduite d'une machine de 30 chevaux, servant non-seulement à l'extraction de la houille et à l'épuisement de l'eau, mais aussi à l'entrée et à la sortie des ouvriers travaillant dans la mine.

Ici, Jean-François fait des prodiges : il conduit et entretient la machine de manière à satisfaire à toutes les exigences du travail ; il en étudie tous les organes dans leurs formes et leur fonctionnement, s'initiant ainsi, seul, sans guide, sans aucune connaissance spéciale, à la mécanique pratique. Il fait plus, il profite des rares moments de loisir que lui laisse le travail de la mine, pour fabriquer des bennes dont il fait les ferrures après la journée. Il arrive de la sorte à gagner 10 fr. par jour.

Après deux ans de ce travail surhumain, MM. Alphonse Peyret fils et Peyret-Lallier, frappés des services rendus par Jean-François à l'exploitation de Chaney, lui confient le montage d'une machine destinée à faire mouvoir une roue à tympan, qu'ils faisaient installer dans la Camargue. Le jeune mécanicien part, heureux de faire un voyage, et se promettant d'en rapporter autant de renseignements utiles qu'il en pourra glaner.

Avec une sûreté de coup d'œil qu'on n'eût jamais soupçonnée chez cet adolescent de 17 ans, il rend des services inattendus, considérables ; M. Alphonse Peyret, témoin de tant d'intelligence servie par une activité aussi infatigable, ne considère plus Jean-François comme un ouvrier ; il l'installe sous son toit, l'admet à sa table et devient son professeur. Jean-François fait alors des économies et envoie à sa famille jusqu'à 100 fr. par mois !

M. Peyret lui enseigne le calcul, les premières notions du dessin et de la géométrie ; et, lorsqu'au bout de deux ans, Revollier, ayant terminé les travaux qui lui avaient été confiés, quitte la Camargue, M. Peyret lui conseille d'entrer à l'Ecole des Arts-et-Métiers, lui promettant un brillant avenir, comme mécanicien dans la marine.

Jean-François Revollier n'eût pas mieux demandé que d'aller suivre les cours de cette Ecole, mais la gêne était toujours là : Malgré un travail d'une opiniâtreté sans égale, le petit atelier de la Chaléassière, que les fils aînés de Jean-Pierre Revollier, découragés, avaient quitté, allait être abandonné à ses créanciers. Jean-François Revollier, comprenant que son vieux père ne résistera pas à ce nouveau malheur, n'hésite pas à lui proposer de prendre son lieu et place, et l'âme pleine de confiance en l'avenir, il accepte hardiment une position grevée de plusieurs milliers de francs de dettes. Les créanciers, heureux, il faut le dire, de donner à ce jeune homme de 21 ans une preuve de sympathie, se montrent très-accommodants sur les délais qu'il demande, et notre ouvrier, devenu patron, se met à l'œuvre, n'ayant d'autre capital que son intelligence, son courage et la confiance de tous ceux qui le connaissaient.

Chargé, pour débuter, de déplacer et de remonter deux importantes machines, il s'acquitte de ce travail avec une telle intelligence et une telle rapidité que la confiance qu'on a en lui augmente, en même temps que ses modestes ressources s'arrondissent.

Son frère aîné, Louis Revollier, qu'une entreprise d'entretien des machines de la houillère de La Chana a mis en possession de 1,500 fr. d'économies, confiant dans la valeur de son jeune frère, lui propose de s'associer avec lui. Jean-François accepte, et, pendant cinq années d'un travail ininterrompu, les affaires des deux associés s'agrandissent et prospèrent à souhait.

Les dettes du père étant payées, Jean-François propose à son frère, son associé, d'employer leurs économies en améliorations et en agrandissement de leur atelier; Louis refuse, on se sépare, et Jean-François continue seul à développer ses affaires et à mériter de plus en plus la confiance des ingénieurs et des industriels du bassin de la

Loire, lorsqu'un revers inattendu vient tout à coup, en 1848, arrêter son essor.

Le fabricant d'acier, Trinquet, est déclaré en faillite; il doit à Revollier 43,000 fr. sur le prix d'une machine de 100 chevaux que ce dernier vient de lui livrer. Pour notre jeune patron, cette perte est immense; cependant, il ne perd pas courage ; un homme qui avait su l'apprécier, qui l'avait vu à l'œuvre, son beau-père, M. Giovanetti, lui offre un prêt de 50,000 fr. dont il n'accepte que 30,000 fr., à titre de commandite.

A ce moment, ses deux frères reviennent à lui et lui proposent une nouvelle association, qui est acceptée ; ils apportent quelques capitaux et la maison Jean-François Revollier jeune et Cie est fondée.

C'est alors que Jean-François Revollier construit les premières machines à agglomérer la houille, qu'il devait tant perfectionner par la suite, et qui ont été d'un si grand secours à l'industrie des mines et des chemins de fer; il monta en même temps à Saint-Christ, près Vienne (Isère), les premiers laminoirs à zinc qui aient été installés en France.

Tous ces travaux sont parfaits, et la Société générale des mines de la Loire, qui vient d'être organisée (1852), confie à Revollier, après un concours où furent appelés de nombreux constructeurs, l'exécution de plusieurs machines d'extraction et de plusieurs machines d'épuisement de très-grande puissance.

Les sommes à valoir que lui paie la Compagnie des mines de la Loire, sur ses importantes commandes, sont dépensées en installation d'un atelier de chaudronnerie et en agrandissements divers.

A partir de ce moment, le travail abonde, la prospérité va croissant, et la fabrication arrive à une perfection qui consolide, de jour en jour, la bonne réputation de la maison et de son chef.

Nous n'en finirions pas si nous voulions dire tous les services rendus à l'industrie, et par conséquent aux ouvriers, par Jean-François Revollier, si nous voulions faire connaître les innombrables machines créées, construites dans les ateliers de la Chaléassière, pour la marine, les chemins de fer, les mines, les forges, etc., etc.

Il n'y a peut-être pas une mine, une usine, du Centre, de l'Est et du Midi de la France, de la

Suisse, de l'Italie et de l'Espagne, qui n'ait des machines faites par Revollier.

Jean-François Revollier donnait aussi son attention aux autres industries du pays auxquelles il apporta de nombreuses améliorations. Nous citerons entre toutes celles qu'il fit subir aux machines à apprêter les rubans, modifications si intelligentes et si heureuses qu'en moins de quatre ans il en construisit plus de 200.

La prospérité de la maison ne s'est pas démentie sous les efforts constants de son chef; aussi a-t-elle grandi de plus en plus, et Jean-François Revollier s'est-il décidé à lui donner encore plus d'extension en créant, en 1866, la Société Jean-François Revollier, Biétrix et Cie, au capital de 2,500,000 francs.

A l'atelier de construction est aujourd'hui annexée une très-importante fonderie d'acier, où l'on produit couramment les bandages de roues en acier fondu, pour locomotives et wagons, la tôle d'acier, l'acier pour canons, les pièces de forges de toutes formes et de toutes dimensions, les essieux pour locomotives, wagons, etc.

En un mot, les ateliers que Jean-François

Revollier a créés et développés aux portes de Saint-Etienne, à quelques pas au nord de la manufacture d'armes de guerre, sont un important modèle du genre et peuvent, en pleine activité, fournir du travail à plus de 1,000 ouvriers.

Ce n'est que par un labeur incessant que ces résultats ont été atteints ; depuis l'âge de 13 ans ce travailleur infatigable n'a pas donné moins de 15 heures par jour au travail. Aussi ses ouvriers, bons juges en pareille matière, l'estimaient et l'aimaient ; ils l'avaient nommé président de la Société de secours des métallurgistes et avaient demandé pour lui, au ministre des travaux publics, la croix de chevalier de la Légion-d'Honneur ; cette demande, si honorable pour celui qui en était l'objet en même temps que pour ceux qui l'ont faite, avait été bien accueillie. (Dépêche du ministre des travaux publics du 9 octobre 1876.)

Revollier allait recevoir cette distinction honorifique si bien méritée, lorsque la mort est venue le frapper, à Lyon, le 16 avril dernier, pendant un voyage d'affaires.

Jean-François Revollier était un esprit net, un

observateur d'une grande finesse et d'une grande pénétration, il y joignait une loyauté à toute épreuve.

Puisse la vie, si bien remplie, de ce véritable travailleur, servir d'exemple, non-seulement aux nombreux ouvriers qui l'ont connu, apprécié, estimé et aimé, mais à tous ceux qui liront ces lignes, à tous les ouvriers de cette laborieuse ville de Saint-Etienne, de laquelle on peut dire, sans craindre de se tromper, que ceux là seuls qui ne veulent rien faire n'y trouvent pas de travail.

Elle montre, cette carrière si vaillamment parcourue, ce que peuvent le travail et la bonne conduite, unis à l'ordre, à l'économie et à la persévérance. Peu de villes, en France, offrent autant d'exemples que Saint-Etienne de ce que peut l'ouvrier, qui possède les qualités que nous venons d'indiquer, qualités qui font l'honnête homme, le bon père de famille, le bon citoyen, à coup sûr le bon ouvrier, qui deviendra patron comme Revollier l'est devenu.

Ce sont ces qualités qui permettent à l'ouvrier véritable de se tailler, lui-même, ce bâton de maréchal de la grande armée du travail, auquel chacun peut aspirer et atteindre, grâce à la suppression des corporations, que, sous le nom de syndicats, de soi-disants travailleurs voudraient faire revivre aujourd'hui.

Qu'ils fassent comme Jean-François Revollier, qu'ils travaillent, qu'ils soient économes, qu'ils emploient à s'instruire les heures de repos, au lieu de les passer au cabaret, où ils s'empoisonnent l'esprit et le corps, et comme lui ils deviendront des hommes honorables et honorés.

F. C.

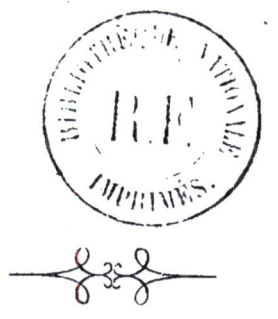

SAINT-ÉTIENNE, IMPRIMERIE DE THÉOLIER FRÈRES

www.ingramcontent.com/pod-product-compliance
Lightning Source LLC
Chambersburg PA
CBHW060455050426
42451CB00014B/3337